美しい人は食べる！

ヘアメイク中野明海の簡単おいしいレシピ集

中野明海

軽やかに
作る
食べる

食べたいものをさっと
作って食べることは
自由と美しさへの時間を
手に入れること。

どんなに高い美容液を使っている人でも、
〝毎日ちゃんと食べ、ちゃんと寝ている人〟の肌には敵《かな》わないもの。
いろいろな美容法が流行っては廃《すた》れていくけれど、
食べる物が体を作り、健やかさが大切だと実感しています。
人を良くすると書いて「食」。
美しくハツラツとしている人は、きちんと食べている人です。
ですが、料理は面倒、難しい、自分にはセンスがない……。
こんな声を聞くことがあります。
たしかに、書店に置かれている素敵なレシピ本を開くと
下ごしらえが大変だったり、
特別なハーブやスパイスをたくさん使っていたり、
蒸し器やミキサーなどいろんな道具が必要だったり、と
作る前から疲れてしまいそうなものも多くあります。
でも、忙しい毎日のごはんって、もっと簡単でもいいのかも。
近所のスーパー（コンビニでも！）で売られている食材と、
くっつかないフライパンと鍋があれば、
大抵のものは作れてしまいます。
包丁を使うのが難しければ、キッチンバサミで切ればいいし、

手でちぎるのだって立派な調理！
ラクしてストレスをためないことが肝心です。
あとは、火加減に気をつけて！　弱火～中火を守ること。
強火はプロが使う火！
焦げた食材は焦げた味しかしないので、
おいしい焼き色をめざしましょう。
フライパンや鍋のサイズは、小さめを選ぶこともポイント。
小回りが利き、扱いやすいので失敗も少なくなるからです。
使い勝手のいいキッチンツールや、
味を調えてくれる優秀調味料の手を借りながら、
必要最低限のプロセスで調理するのが私流。
「え！　こんなに料理って簡単でいいの？」
と驚くかもしれません。
調理時間を短くして余った時間は、楽しく食べる時間に。
そして、やりたいことをゆっくりやれる自由な時間に。
心と体に栄養を行き渡らせることで、
ヘルシーな美しさを手に入れられると信じています。

中野明海

目次

本書の使い方

〈レシピについて〉

○調理のコツやポイントなどは、下線や吹き出しで説明しています。

○計量単位は、大さじ1=15ml、小さじ1=5ml、1カップ=200mlです。

○レシピ上、食材を洗う、皮をむくなどの通常の下ごしらえは省略しています。
とくに記載がない限り、その作業を行なってください。

○火加減はとくに表記がない場合は中火です。また、火加減や加熱時間は様子を見て調整してください。

○電子レンジは600Wを基本にしています。500Wなら1.2倍、700Wなら0.9倍の時間で加熱してください。

PART 2

チャチャッと作れる すぐうまおかず

PART 3

早くておいしい おもてなしメニュー

〈調味料について〉
○醤油は「濃口醤油」、酢は「米酢」、みりんは「本みりん」、砂糖は「てんさい糖」、油は「米油」を使用しています。
○以下の調味料は、特定の商品を使用した分量を記載しています。めんつゆはキッコーマン「濃いだし本つゆ」、おいしい塩は東洋食品「ろく助塩 白塩」、合わせだしの素は久原本家「茅乃舎だし」、野菜だしの素は久原本家「野菜だし」、昆布の水塩は塩分濃度25%のものを使用しています。そのほかはP106～109を参照してください。
〈調理道具について〉
○1人分レシピの基本のフライパンは直径20cm、小さめのフライパンは直径18cmを使用しています。

だれでもラクしておいしく

新鮮な野菜は、シンプルな調理でまるごといただくのが一番！　なかでも、野菜の塩ゆでは、野菜本来の甘みが引き立ち、食感もみずみずしくてたまらなくおいしいのです。葉ものなどは、熱を加えるだけでかさも減って食べやすくなるので、一度にたくさんの量が食べられるというメリットも。

　鍋の中で、旬の野菜が鮮やかな緑になったら食べごろ。そのまま食べてももちろんおいしいですが、特製ディップを添えれば、ゆでただけの野菜が〝立派なごちそう〟になります。

　ゆでるだけでも十分おいしいことがわかれば、料理へのハードルが下がるかもしれません。「あ〜疲れた！」という日は、とりあえず鍋に湯を沸かして、冷蔵庫にある野菜を投入。ほんの数分でヘルシーでおいしい一品ができあがります。

　春はアスパラガスやスナップえんどう、夏はオクラや枝豆……といったふうに、日本の四季を食卓で手軽に感じられるのも幸せなことですよね。

シンプルに、ゆでるだけでもおいしい

スナップえんどうとブロッコリーのボイル

鍋に湯を沸かして少し強めの塩を入れ、ブロッコリー6〜8房は1分30秒〜2分、スナップえんどう15個は1分ほど、それぞれゆでてざるに取り、熱いうちに器に盛る。マヨネーズ大さじ2、醤油小さじ1/3、合わせだしの素小さじ1、砂糖ひとつまみを混ぜたディップを添えて。

焼くだけでもおいしい

ゆでる、焼く、煮る、揚げる。料理にはさまざまな調理法がありますが、〝焼く〟はもっとも簡単においしく食べられる調理法かもしれません。焼き加減に気を配りながら、香ばしい匂いがしてきたら完成。余分な水分が飛び、野菜のうまみがギュッと詰まって、フレッシュな生野菜とはひと味違う極上の一品になります。

バターで焼いたり、塩をパラリとかけたり、チーズを溶かしたり、と野菜に合う味つけをいろいろ試すのも楽しいものです。

しいたけのバター醤油焼き

しいたけ5個は石づきを取り、アルミホイルを敷いた魚焼きグリル、またはトースターに並べ、バターを小さじ1/2弱ずつのせて9〜10分焼く。器に盛り、醤油を2〜3滴ずつかける。※昆布の水塩をシュッとひと吹きしてから焼くとよりおいしい。

毎日のことだから、凝る必要なんてありません

カリフラワーのチーズマヨネーズ焼き

生のカリフラワー3～４房をアルミホイルに並べ、マヨネーズ適量と溶けるチーズ（1房に1/4枚程度）をのせ、オーブントースターで6～8分、焦げ目がつくまで焼くだけ。

インゲンのグリル

インゲン10本は両端を切り落とし、油を引いたフライパンに入れて中火にかける。転がしながら10分ほど焼き、器に盛って塩（マルドンの塩がおすすめ）を振る。じっくり炒めるとインゲンの青臭さが消え、甘みが引き出されておいしさアップ！

メイクやおしゃれが好きなら料理はできる！

例えばメイクやおしゃれを頑張ろうと気合を入れると、あれこれ足して盛りすぎてしまいがちに。自分の姿を客観視することなく、アレもコレもと重ねてしまい、「なんかしっくりこない」と、決まらないメイクやファッションにがっかりすることもあるかもしれません。

　それは料理も同じ。「思っていた味と違う！」と慌てて、醤油や砂糖、塩や酒などを自己流で加えた結果、取り返しのつかない事態になることもよくあること。

　そう考えると、メイクやおしゃれ下手と料理下手の共通点は〝冷静さに欠ける〟ことなのかもしれません。ですから、どちらにもいえることは〝ちょっと足りないかな〟の状態で、まずはひと呼吸すること。例えばメイクなら、リップを濃くするだけで魅力的になるかもしれませんし、「う〜ん」と思う料理でも最後に塩を振るだけで味が決まることも。メイクも料理も、いい〝塩梅〟にするには、ほんのちょっと手を加えるだけでよかったりするんです。

　そして、ツールに頼ることも大事。メイク上手になるためには、使い勝手のいいブラシやチップ、パフやスポンジを揃えることが近道ですが、料理もまたしかり。千切りの手間が省けるスライサーや、扱いやすい小さいフライパンや鍋……便利なキッチンツールを味方にすることで、料理を格上げしてくれるはずです。

ワンプレートごはん

一品で大満足！

PART 1
ONE PLATE DISHES

お好み焼きソースのオムライス

オムライスは卵が少ししっとりしていて、中のチキンライスに絡まっているのが好きです。難しいと思うかもしれませんが、ちょっとした工夫でだれでも上手に包めますよ。うまくできれば、自慢の一品になります。

キッチンバサミで切っても！

材料（1人分）

鶏もも肉（1.5cm角に切る）——1/3枚（約80g）
インゲン（7mm幅の小口切り）——1本
玉ねぎ（粗みじん切り）——1/6個
A
- 鶏がらスープの素——小さじ1
- トマトケチャップ——大さじ2
- お好み焼きソース——小さじ1/2
- 砂糖——ひとつまみ

温かいご飯——150g
溶き卵——1個分
バター——10g
B
- トマトケチャップ——大さじ1と1/2
- お好み焼きソース——大さじ1/2

わが家のお好み焼きソースの定番は、オタフクソースです。

肉の臭みを取ってうまみを閉じ込めます。

作り方

1 鶏肉はおいしい塩、または昆布の水塩少々（分量外）を振る。
2 冷たいフライパンにバター5g、**1**とインゲン、玉ねぎを入れて中火で炒める。鶏肉に火が通ったら**A**を順に加え、味がなじむまで炒める。ご飯を加え、全体が混ざったら取り出す。
3 小さめのフライパンを弱めの中火で温め、残りのバターを溶かし、溶き卵を流し入れて手早く混ぜながら全体に広げる。半熟になったら**2**を真ん中にのせ、形を整えて皿に盛り、混ぜ合わせた**B**をかける。好みでミニトマトやゆでたブロッコリー（分量外）を添える。

具にしっかり味を入れるとおいしく仕上がります。

溶き卵を1滴落として、ジュッと固まったら、準備OK！

皿をフライパンにかぶせてひっくり返せばきれいに盛れます。ペーパータオルで軽く押さえて形を整えましょう。

POINT ››› フライパンは振らなくてOK！

両手に菜箸とへらを持ち、具とご飯を混ぜるように炒めます。
チャーハンのようにパラパラにする必要はないので慌てずに。

クイックバターチキンカレー

材料（1人分）

鶏もも肉（2cm角に切る）――― 1/2枚（約120g）
玉ねぎ（粗みじん切り）――― 1/8個

A
- プレーンヨーグルト（無糖）――― 大さじ2
- クミン（シード）――― 小さじ1/2
- おろしにんにく（チューブ）――― 1cm
- おろししょうが（チューブ）――― 3cm
- トマトペースト（6倍濃縮／ミニパウチ）――― 大さじ1（1本）
- 鶏がらスープの素 ――― 小さじ1
- はちみつ ――― 小さじ1と1/2
- 塩、こしょう ――― 各少々

水 ――― 1/2カップ
市販のカレールー（中辛／刻む）――― 1かけ
バター ――― 10g
バターライス ――― 150g※作り方は下記参照

市販のカレールーに頼れば、
味が決めやすくて便利です。
プラス、下味の香味野菜と
クミンで本格的な味わいに！
辛いのが苦手な人は甘口でも。

作り方

下味は袋に入れてもみ込むだけ。
つけ置きしなくても味がしっかり入ります。

1 ポリ袋に鶏肉と玉ねぎ、**A**を入れてよくもみ込む。
2 フライパンにバターを溶かし、**1**をつけダレごと入れて弱めの中火で炒める。3〜4分炒めて鶏肉に火が通ったら、水、カレールーを加えて混ぜる。ルーが溶けたら弱火にし、ふつふつとしたら火を止める。
3 器にバターライスを盛り、**2**をかけて好みでパクチー（分量外）をのせる。

じゃがいもやにんじんを
使っていないので、
煮込まなくてOK！

POINT 》》 バターライス

温かいご飯150gにバター2g、パセリのみじん切りひとつまみを混ぜるだけ。
普通のご飯でもいいですが、バターライスにすると味わいが増します。

鶏肉の下味を本格的にして、あとは市販のカレールーにおまかせ。面倒なルー作りを省けば、食べたいときにすぐ作れて、しかもおいしい！バターチキンカレーに。

梅じそチャーハン

疲れていてもチャチャッと作れて食がススム、家族も大好きなチャーハンです。鶏肉とたけのこで食べごたえを出しながらも、梅と青じそでさっぱり食べられます。お弁当にも！

材料（1人分）

鶏もも肉（皮を取り1cm角に切る）—— 1/3枚（約80g）
溶き卵 —— 1個分
インゲン（3mm幅の小口切り）—— 1本
たけのこの水煮（粗みじん切り）—— 大さじ1
鶏がらスープの素 —— 小さじ1
こしょう —— 少々
温かいご飯 —— 150g
醤油 —— 小さじ1/2
梅干し（甘くないもの／種を取り粗くたたく）—— 小1個
青じそ（千切り）—— 2枚
油 —— 小さじ1
バター —— 5g

バターで炒めてコクを出し、焦がし醤油で食欲をそそる風味づけ。

なくても作れるけど、あるとおいしい！

作り方

肉の臭みを取って、うまみを凝縮。

1 鶏肉はおいしい塩、または昆布の水塩少々（分量外）を振る。
2 フライパンに油を中火で熱し、溶き卵を流し入れて手早く混ぜ、少し固まってきたら火を止め、そのまま混ぜて半熟になったら取り出す。
3 同じフライパンにバターを溶かし、弱火で**1**とインゲン、たけのこをさっと炒め、鶏がらスープの素、こしょうを加える。鶏肉に火が通ったらご飯を加え、全体が混ざったら中火にし、醤油を回し入れて手早く混ぜる。中火にして香ばしく！
4 梅干し、青じそ、**2**の卵を入れ、全体をよく混ぜて器に盛る。好みで千切りにした青じそ（分量外）をのせる。

にんにくが好きな人はここで少し加えても。

醤油で味つけしたあとに加えると色がきれいに仕上がります。

トロふわ親子丼

忙しい日でもささっと作れる定番どんぶり。
めんつゆで簡単&本格的な味に。

材料（1人分）

鶏もも肉（1.5cm角に切る）
—— 1/2枚（約120g）
おいしい塩 —— ふたつまみ
みりん —— 小さじ1
A ［水 —— 80ml
　 めんつゆ（4倍濃縮） —— 大さじ1
玉ねぎ（薄切り） —— 1/4個
溶き卵 —— 2個分
温かいご飯 —— 150g
三つ葉（ざく切り） —— 1本

作り方

鶏肉に下味をつけながら臭みを取っておきます。

1 鶏肉においしい塩、みりんをかけてもみ込む。※鶏肉を切って、そのままま な板の上でやるとスムーズ。
2 小さめのフライパンに**A**と**1**、玉ねぎを入れて中火にかける。
3 鶏肉に火が通ったら溶き卵を回し入れ、フタをして弱火にし、2分ほど煮る。卵が半熟になったら火を止め、そのまま30秒ほど蒸らす。
4 器にご飯を盛って**3**をのせ、三つ葉を散らす。

うっかり火を
通しすぎないように、
少し早めに火を止めて
余熱で好みの加減に。

ほったらかし牛丼

材料を入れて煮るだけですが、
だしを利かせてちょっぴり上品な味わいに。

材料（1人分）

牛バラ切り落とし肉(大きいものは切る)
——100g
玉ねぎ(1cm厚さのくし形切り)——1/4個
水——1/2カップ
A
- おろししょうが(チューブ)——2cm
- 合わせだしの素——小さじ1/2
- 鶏がらスープの素——小さじ1/3
- みりん——大さじ1
- 砂糖——小さじ1/2
- 醤油——小さじ2

温かいご飯——150g
紅しょうが——適量

作り方

鍋より断然早く煮えます！

1. 小さめのフライパンに水と**A**、牛肉、玉ねぎを入れて中火にかけ、煮立ったら玉ねぎに火が通るまで5〜6分煮る。
2. 器にご飯を盛って**1**をのせ、紅しょうがを散らす。

オイルサーディン丼

フライパンで温めてねぎをパラッ、
醤油プラスでごちそうに！

材料（1人分）

オイルサーディン（缶詰）
　―― 6〜7尾
万能ねぎ（小口切り）―― 2本
醤油 ―― 小さじ2弱
温かいご飯 ―― 150g

作り方

冷たいフライパンに
汁ごと入れて煮るだけ。

1 小さいフライパンにオイルサーディンを汁ごと入れて弱火にかける。
2 温まったらねぎを加えて醤油を回し入れ、フライパンを揺すりながらさっと火を通して味をなじませる。
3 器にご飯を盛って**2**をのせ、好みでねぎ（分量外）を散らしてレモンやかぼす（分量外）を添える。

まぐろアボカドキムチユッケ風丼

火を使わずにささっと作れて見た目も豪華！
卵黄をのっけてもおいしい。

材料（1人分）

まぐろの刺し身（横半分に切る）
　――― 3〜4切れ
醤油 ――― 小さじ1と1/2
みりん ――― 小さじ1
白菜キムチ（甘くないもの） ――― 50g
アボカド（1.5cm角に切る） ――― 1/4個
砂糖 ――― ひとつまみ
わさび ――― 少々
温かいご飯 ――― 150g
焼きのり ――― 適量

わさびの量はお好みで！

作り方

1 まぐろはボウルに入れておいしい塩少々（分量外）を振る。醤油小さじ1、みりんを加えて和え、キムチを混ぜる。
2 アボカドは別のボウルに入れて醤油小さじ1/2、砂糖、わさびで和える。
3 器にご飯を盛ってちぎったのりを散らし、**1**と**2**をのせて刻んだのりを散らす。

のりをアクセントに！

ひき肉カレーチャーハン風

材料（1人分）

好みのひき肉でもOK！

合いびき肉 ―― 80g
玉ねぎ(みじん切り) ―― 1/8個
インゲン(5mm幅の小口切り) ―― 1本
野菜だしの素 ―― 小さじ1/2
A
- みりん ―― 小さじ1/2
- 醤油 ―― 少々
- 市販のカレールー(中辛／細かく刻む) ―― 12g

温かいご飯 ―― 150g
バター ―― 5g
卵黄 ―― 1個分

カレー粉ではなく
市販のルーを使うことで、
しっとり仕上げに。

作り方

1 フライパンにバターを溶かし、ひき肉と玉ねぎ、インゲンを中火で炒める。ひき肉の色が変わったら野菜だしの素を加えて味がなじむようによく炒め、**A**を加えてごく弱火でさらに炒める。
2 ご飯を加え、全体がなじむまで炒める。
3 器に盛り、卵黄をのせる。

玉ねぎの水分で
ルーを溶かします。

ご飯にまんべんなく味が
行き渡るようによく混ぜます。

POINT ››› 卵はお好みで！

卵は卵黄だけのせれば、濃厚でクリーミーな味わいに。
全卵なら全体がやさしい味に変化します。
また、ご飯を炒める前に白身を加え、具にしてもおいしいです。

ひき肉とカレールーを使っているので、チャーハンのように短時間で作れます。だけど、どこかで食べたことのあるような本格的な味です。

さっぱり冷奴丼

深夜でも朝ごはんでも。とくに夏や疲れたときに
さらっと食べたくなるお手軽丼です。

表紙の料理がコチラ。

材料（1人分）

豆腐(絹) —— 小1パック(150g)
温かいご飯 —— 150g
おろししょうが(チューブ)、かつお節
—— 各適量
醤油 —— 適量

作り方

豆腐はミニ3個パックのものなら、水きりなしでOK。

1 器にご飯を盛り、豆腐をスプーンなどですくってのせる。
2 しょうがをのせてかつお節を散らし、醤油をかけて混ぜて食べる。

しょうがの代わりにわさびでも。

思い出の卵かけご飯

みんな大好きTKG。作り方はいろいろありますが、
ご飯に卵をのせてから新鮮な醤油をかけると、
卵の味、醤油の味、ご飯と卵、醤油が混ざった味、
3段階に味のハーモニーが楽しめます。
卵かけご飯は、「卵は完全栄養食品だからね」と、
科学者だった私の父親が愛した思い出の味でもあります。
その年の初めての新米が手に入ると、
炊きたてのご飯と一緒に生卵も食卓にのぼり、
新しい醤油の瓶を開け、ありがたく新米をいただきました。
昔は開封後に酸化してしまった黒い醤油が普通だったのに、
今はいい時代。おいしいお醤油がたくさんあって、
卵かけご飯の楽しみ方も広がりました。
食べたいときにすぐ作れて、洗う器もひとつ。
ある意味、一番贅沢な料理なのかもしれません。

POINT ››› お醤油にはこだわります

最近は、酸化を防いで鮮度を保つ、密封ボトルの商品が一般的に。
いつでも搾りたての生《なま》醤油が楽しめるので、わが家の食卓でも欠かせない存在です。

お母さん味のミートソーススパゲッティ

ケチャップとお好み焼きソースを使って、煮込まずに作れちゃうスピード&アイデアミートソースです。わが家の息子たちも大好きな、ちょっぴり甘くてやさしい味です。

材料（1人分）

スライサーが便利！

豚ひき肉 ―― 80g
玉ねぎ(みじん切り) ―― 1/4個

A
- 野菜だしの素 ―― 小さじ1/2
- 鶏がらスープの素 ―― 小さじ1/2
- トマトケチャップ ―― 大さじ2
- お好み焼きソース ―― 大さじ1/2
- 水 ―― 大さじ2
- 砂糖 ―― ひとつまみ
- こしょう ―― 少々

スパゲッティ(1.6mm) ―― 100g
バター ―― 10g
粉チーズ ―― 適量

だしやソースのうまみを生かして、
トマト缶を使わずに
短時間で仕上げます。

スパゲッティをゆでるお湯は、
おいしいスープくらいの塩味で。
飲んでちょうどいい塩加減で
ゆでれば、シンプルなソースでも
おいしいスパゲッティに。

作り方

バターで簡単コク出し

1 冷たいフライパンにバターと玉ねぎを入れて弱火にかける。玉ねぎを透き通るまで炒めたら、ひき肉と**A**を加え、混ぜながらよく炒めて半量取り出しておく。
2 鍋に湯を沸かして塩（湯量の1%／分量外）を入れ、スパゲッティを表示通りにゆでる。
3 **2**がゆで上がったら**1**のフライパンに入れて中火にかけ、手早く和える。
4 器に盛って残りの**1**をのせ、粉チーズを散らす。

ソースを作るときに
湯を沸かし始めると
スムーズです。

ソースを半量絡めておくと
味にムラができず、
最後までおいしく食べられます。

POINT ››› スパゲッティは早ゆでタイプを活用！

スパゲッティがゆで上がっても、ソースができていないのは一番困るので、
慣れていない人は3分ゆでなどの早ゆでタイプを使うのがおすすめです。
これならソースが仕上がるころにゆで始めても、スムーズに作れます。

和えておいしいカルボナーラ

すぐできる!

材料（1人分）

ハサミを使えばまな板いらず!

スライスベーコン（ハーフサイズ／1cm幅に切る）―― 4枚

A
- 卵黄 ―― 1個分
- パルメザンチーズ ―― 大さじ3
- 牛乳 ―― 大さじ3
- ピザ用チーズ ―― 10g
- 粗挽き黒こしょう ―― 適量

スパゲッティ（1.6mm）―― 100g

早ゆでタイプがオススメ

2種類のチーズと牛乳、
卵黄でとろ～んと絡む、
濃厚ソースを作ります。
大人なら粗挽き黒こしょうを
たっぷり加えても。

作り方

1 ベーコンは油を引かないフライパンで軽く炒める。

2 鍋に湯を沸かして塩（湯量の1%／分量外）を入れ、スパゲッティを表示通りにゆでる。

ベーコンを炒めるときに湯を沸かし始めるとスムーズです。

3 ボウルに**A**を入れてよく混ぜ合わせ、**1**のベーコンを合わせておく。

4 **2**がゆで上がったらゆで汁大さじ1とともに**3**に加え、手早くしっかりよーく和えて器に盛り、好みで粗挽き黒こしょう（分量外）を振る。

スパゲッティの熱で
ソースにとろみが出るので、
ここはスピード勝負!
大急ぎで作って時間を
おかずに食べましょう。

ボウルに材料を合わせて和えるだけ。スパゲッティの熱で、チーズと卵黄を程よく加熱してとろ〜りソースに仕上げます。作るスピードが大事な一品です。

トマトソースいらずの
ツナトマトスパゲッティ

うまみもたっぷりのツナ缶を使えば、玉ねぎがなくてもおいしいソースに仕上がります。食材を切る必要がないから、洗い物も少なくてとってもラクです。

材料（1人分）

ツナ缶 —— 1缶(70g)
おろしにんにく(チューブ) —— 少々

A
- 粗ごしトマトパック —— 1/2パック(195g)
- 鶏がらスープの素 —— 小さじ1
- 砂糖 —— ひとつまみ
- 一味唐辛子(または赤唐辛子) —— 少々
- 塩 —— ひとつまみ
- こしょう —— 少々

スパゲッティ(1.4mm) —— 100g
バター —— 5g
オリーブ油 —— 大さじ1/2
バジル —— 適量

シンプルな具材ですが、
ツナを炒めて
うまみを引き出すと、
だし代わりになっておいしくなります。

早ゆでタイプがオススメ

作り方

ほんの少しバターを加えると
ソースにコクが増します。

1 冷たいフライパンにバターとオリーブ油、にんにく、ツナを汁ごと入れて弱火にかける。香りが立ったら**A**を加えてよく混ぜながらなじませ、半量取り出しておく。

弱火で少し水分を
飛ばし、うまみを凝縮。

2 鍋に湯を沸かして塩（湯量の1%／分量外）を入れ、スパゲッティを表示通りにゆでる。

ソースを作るときに湯を沸かし始めるとスムーズです。

3 **2**がゆで上がったら**1**のフライパンに加えて中火にかけ、手早く和える。

4 器に盛って残りの**1**をのせ、バジルを添える。
仕上げにヴァージンオリーブ油をかけると本格的な味に。

ソースを半量絡めておくと
味にムラができず、
最後までおいしく食べられます。

中華風トマトフジッリ

鍋ひとつでできちゃうお手軽レシピ。
最後の溶き卵とごま油で中華風に。

材料（1人分）

フジッリ（マカロニ）—— 60g
粗ごしトマトパック
—— 1/2パック（195g）
水 —— 1と1/2カップ
A
- おろしにんにく（チューブ）
  —— 少々
- 塩 —— 小さじ1/2
- 鶏がらスープの素 —— 小さじ1

溶き卵 —— 1個分
ごま油 —— 大さじ1
白いりごま —— 少々

一味唐辛子を加えて
ピリ辛にしてもおいしい。

作り方

1 鍋に粗ごしトマト、水、フジッリ、Aを入れて中火にかけ、煮立ったら弱火にし、ときどき混ぜながらフジッリを表示の時間より1～2分長く煮る。
2 フジッリがゆで上がったら溶き卵を回し入れ、フツフツしたら火を止めてごま油を加え、フタをして2分ほどおく。
3 器に盛り、ごまを散らす。

フジッリがスープを
吸ってもおいしいです。
塩を少し強くすれば
お弁当のおかずにも！

風邪をひいたときのねぎうどん

体が温まり、ねぎがのどにやさしいレスキューメニュー。鶏肉を入れても。

ねぎ1本を
すぐにペロリ!

材料（1人分）

長ねぎ(5cm長さの細切り) —— 1本
冷凍うどん —— 1玉
A
- 白だし —— 大さじ3
- 水 —— 2カップ
- おいしい塩 —— ふたつまみ
- 醤油 —— 小さじ1

水で溶かない片栗粉 —— 適量
おろししょうが(チューブ) —— 適量

水で溶かず、
そのまま振り入れるだけで
とろみがつけられるので、
とっても便利!

作り方

1 鍋にAを入れて中火にかけ、沸いたらねぎを加えて煮る。
2 ねぎがくたくたになったらうどんを加え、味がなじんだら片栗粉を加えてとろみをつける。
3 器に盛り、しょうがをのせる。

くたくたに煮れば
消化にいい!
体にやさしい!

最後に溶き卵を回し入れ、
かき玉にすると栄養満点です。

だしがおいしい鶏南蛮せいろ

材料（1人分）

鶏もも肉(3cm角に切る) ―― 1/2〜1/3枚
長ねぎ(3cm長さのぶつ切り) ―― 1/3本
そば(乾麺) ―― 1束
油 ―― 大さじ1/2
A［めんつゆ(4倍濃縮)、水 ―― 各大さじ3と1/2
七味唐辛子 ―― 適量

作り方

ふきこぼれやすいので、差し水を用意しておきましょう。

1 鍋に湯を沸かし、そばを表示通りにゆでる。

焼き目が味にとっても重要！

2 小さいフライパンに油を中火で熱し、鶏肉を皮から焼いて焼き色をつけ、上下を返して火を通す。鶏の脂が出てきたらねぎを加え、焼き色をつける。

ねぎは白い部分、青い部分の順に入れて焼き上がりを合わせます。

3 Aを加えてひと煮立ちさせ、器に盛って好みでゆずの皮を散らす。

味を見て、好みの濃度に調節しましょう。濃いめがおいしいです。

4 1のそばを水で締め、器に盛って3と七味を添える。

鶏肉を皮から焼いて
脂をしっかり出します。
そのおいしい脂でねぎを焼き、
少し焦げ目をつけて
鶏のうまみとつゆを合わせます。
これだけで、市販のめんつゆが
グッとおいしくなりますよ。

丁寧に焼いてうまみを引き出した鶏肉を、市販のめんつゆに加えるだけで本格的なつけ汁に。お店よりおいしい！と言ってもらえる自慢の一品です。

チキンラーメンで作る香港ヌードル風と卵スープ

必ず3分以内で
作ること！

材料（1人分）

最初に切っておくこと！

チキンラーメン —— 1袋
しょうが(千切り) —— 薄切り3枚
万能ねぎ(小口切り) —— 適量
溶き卵 —— 1個分
ごま油、米油 —— 各小さじ1/2
パクチー —— 適量

具を炒めるときに湯を
沸かしておくとスムーズです。

作り方

1　フライパンにごま油と米油を熱し、しょうがを弱火でさっと炒める。
2　鍋に袋の表示通りに水を入れて沸かし、チキンラーメンを入れる。1分ほどゆでて麺がほぐれてきたらすぐに**1**のフライパンに麺を加え、手早く絡めてねぎを混ぜる。器に盛ってねぎを散らし、パクチーを添える。
3　**2**の鍋のスープを中火にかけて溶き卵を回し入れ、器に盛ってねぎを散らし、好みで黒こしょう（分量外）を振る。

麺がくっつきやすいので、
箸で浮かすように炒めます。
ここはスピーディに！

たっぷりのしょうがを
ごま油で炒めて風味アップ。
ここに麺を入れて絡めれば、
インスタント麺とは思えない
味わいが楽しめます。

おなじみのインスタントラーメンが大変身！　スープまで3分以内で作れちゃう、スピード勝負の一品です。とっても簡単だけど、だれに作っても「魔法みたい！」と喜んでくれます。

便利な常備野菜でスピード副菜

通年手に入る使い勝手のいい野菜があると、何かもう一品！という際にとっても便利。ささっとできる副菜レシピで、作り置きいらずの食卓に。

キャベツ

サラダはもちろん、炒め物や煮込み料理にも使える万能野菜。さっと和えたり加熱したり、短時間で作れるものが多いから、1玉でもあっという間に使いきれます。

キャベツだけでおかずに！

キャベツバター おかか炒め

材料（作りやすい分量）

キャベツ（3cm角のざく切り、芯をそぐ）
—— 1/8個

かつお節 —— 1袋（2〜3g）

醤油 —— 小さじ1/3

バター —— 5g

作り方

1 フライパンにバターを溶かし、キャベツを中火で炒める。しんなりしたらかつお節を振り、醤油を回しかけてさっと炒める。

2 器に盛り、好みでかつお節（分量外）を散らす。

キャベツ　非加熱で2品

材料（作りやすい分量）

キャベツ（粗みじん切り）―― 1/8個
塩 ―― 小さじ1/2
レモン汁 ―― 1/6個分
マヨネーズ ―― 大さじ1
砂糖 ―― ひとつまみ
コーン缶 ―― 小1缶（65g）

スライサーを使えばラク！

作り方

1 ボウルにキャベツと塩、レモン汁を入れてよく混ぜ合わせ、10〜15分おいて水けをしっかり絞る。
2 **1**にマヨネーズと砂糖、汁けをきったコーンを加えてよく和える。

材料（作りやすい分量）

キャベツ（3cm角のざく切り、芯をそぐ）
―― 1/8個
塩昆布 ―― ふたつまみ
ごま油 ―― 小さじ1/2
鶏がらスープの素 ―― 小さじ1/2

作り方

1 すべての材料をポリ袋に入れてもみながら和える。

じゃがいものナムル

じゃがいものペペロンチーノ風

じゃがいも
千切りで2品

切り方は同じでも調味料を変えるだけで、和や洋、エスニックといろんな国の味に七変化。じゃがいも１個でおかずやおつまみ、おやつにも。じゃがいもLOVEです。

材料（作りやすい分量）

じゃがいも（皮をむき千切り）―― 中1個
ごま油 ―― 小さじ1
おろしにんにく（チューブ）―― 少々
A［すし酢 ―― 小さじ1
　鶏がらスープの素 ―― 小さじ1］
白いりごま ―― ひとつまみ

じゃがいもは
スライサーで切れば
カンタン！

作り方

1 切ったじゃがいもはざるに入れて水をかけ、デンプンを落として水けをきる。
2 フライパンにごま油とにんにくを入れて弱火にかけ、香りが立ったら**1**を炒める。しんなりしたら**A**を加えて炒め、ごまを振る。
3 器に盛り、好みでごま（分量外）を散らす。

さっと水洗いするとじゃがいもが
くっつきにくくなります。

材料（作りやすい分量）

じゃがいも（皮をむき千切り）―― 中1個
おろしにんにく（チューブ）―― 1cm弱
赤唐辛子（小口切り）―― 適量
おいしい塩 ―― ふたつまみ
パセリ（みじん切り）―― 少々
オリーブ油 ―― 大さじ1

少しの違いで
国が変わります！

作り方

1 切ったじゃがいもはざるに入れて水をかけ、デンプンを落として水けをきる。
2 フライパンにオリーブ油とにんにく、赤唐辛子を入れて弱火にかけ、香りが立ったら**1**を入れて炒める。しんなりしたらおいしい塩を振り、さっと炒める。
3 器に盛り、パセリを散らす。

和風じゃがいもコロコロ炒め

洋風じゃがいもコロコロ炒め

じゃがいも　さいの目切りで2品

材料（作りやすい分量）

じゃがいも（皮をむき1.5cm角に切る）
—— 中1個
小麦粉 —— 小さじ1
みりん —— 小さじ2
醤油 —— 小さじ1
油 —— 大さじ2

じゃがいもは
炒める前に
レンチン！

作り方

1 じゃがいもは耐熱容器に入れてラップをかけ、電子レンジ（600W）で2〜3分加熱し、小麦粉をまぶす。
2 フライパンに油を熱し、**1** を中火で炒める。表面がカリッとしてきたら、みりん、醤油を加えてさらに絡めながら炒める。汁けが少なくなったら火を止めてさらに絡め、器に盛る。

材料（作りやすい分量）

じゃがいも（皮をむき1.5cm角に切る）
—— 中1個
おいしい塩 —— ひとつまみ
ウスターソース —— 小さじ1と1/2
パセリ（みじん切り） —— 適量
バター —— 5g

作り方

1 じゃがいもは耐熱容器に入れてラップをかけ、電子レンジで（600W）2〜3分加熱する。
2 フライパンにバターを溶かし、**1** を中火で炒める。表面がカリッとしてきたら、おいしい塩、ウスターソースを加えて絡めながら炒め、汁けが少なくなったら火を止めてさらに水分を飛ばす。器に盛り、パセリを散らす。

きゅうりのにんにくエビ和え

たたききゅうり

きゅうり

非加熱で2品

生でおいしいきゅうりは、薬味と合わせてちょこちょこつまめる和え物に。お店で出会った味を再現したり、いろいろ試して導き出したレシピです。

材料（作りやすい分量）

きゅうり（乱切り）―― 1本
干し桜エビ ―― 小さじ1
おろしにんにく（チューブ）―― 少々
ごま油 ―― 小さじ1
おいしい塩 ―― ふたつまみ

作り方

1 ボウルにきゅうり、桜エビ、にんにく、ごま油を入れてよく和え、最後においしい塩を振る。

材料（作りやすい分量）

きゅうり ―― 1本
みょうが（半分に切って斜め薄切り）―― 1/4個
紅しょうが（粗みじん切り）―― 適量
青じそ（千切り）―― 1枚
おいしい塩 ―― 少々

作り方

1 きゅうりは、塩適量（分量外）をすり込んでめん棒などでたたき、食べやすい大きさに割る。みょうがは水にさらして水けをきる。
2 ポリ袋にすべての材料を入れてよく混ぜる。

アシスタントの花嫁修業？

ヘアメイクアーティストは、その華やかなイメージとは裏腹に、体力勝負でハードな仕事。1日中立ちっぱなしで、重いメイク道具をかつぎ、片づけ、また移動する、なんてことも日常茶飯事です。それについてくれるアシスタントの子たちも、現場仕事をこなすのに日々精いっぱい。家に帰ったら、おなかは空くけど料理をする気力がない。だから、毎日お菓子やインスタント食品ですませてしまう……。

こうした現状をなんとか変えられないかと、〝帰宅後すぐにできる簡単レシピ〟をメモ書きして、彼女たちに渡すようになりました。どれも身近な材料で、10分以内に作れるものばかりです。

なかには「ご飯なら炊けますが、料理は無理です」という子もいました。でも、私のレシピを実践してみたら想像以上に簡単だったようで、歴代のアシスタントたちは全員、自炊派になりました。結果、ヘアメイクアーティストとしての独り立ちはもちろん、結婚やヘルシーな生活へのサポートもすることになったようです（笑）。

メイクも料理も、時間や手間をかけたらかけただけ、きれいになったり、おいしくなったりするわけではありません。ササッと手早く、簡単&シンプルに！　これが継続可能な〝メイク上手〟と〝料理上手〟になるための秘訣かもしれません。

すぐうまおかず

チャチャッと作れる

PART 2

EASY MAIN DISHES

しっとり仕上がるよだれ鶏

中華の定番メニューだけに、難しいと思うかもしれませんが、鶏肉を蒸しゆでしてタレをかけるだけなので、実はとっても簡単です。見た目も豪華で食べ応えもあり、覚えておくと重宝します。

材料（1人分）

鶏むね肉(皮なし) —— 1枚
砂糖 —— 小さじ1/2
長ねぎ —— 1本
パクチー(粗く刻む) —— 1株
しょうが(薄切り) —— 3枚
A
- ポン酢醤油 —— 大さじ1
- オイスターソース —— 小さじ2
- 豆板醤 —— 少々
- おいしい塩 —— 少々
- ごま油 —— 少々

厚みのあるむね肉は中まで火が
通っているか不安で、
長く加熱しがち。
そんなときは余熱を利用して、
冷ましながら火を通せば、
かたくなりにくくパサつきません。

砂糖の保水効果で
むね肉が柔らかくなり、
しっとり仕上がります。

作り方

1 鶏肉はフォークで両面をよく刺し、砂糖をもみ込む。ねぎは白い部分を白髪ねぎにして水にさらし、パクチーと合わせておく。
2 フライパンに水を深さ1cm弱ほど注ぎ、ねぎの青い部分としょうがを置き、その上に**1**の鶏肉を置いてフタをし、弱火にかける。沸騰したら10〜15分蒸しゆでにし、鶏肉に火が通ったら火を止めてそのまま5分ほど蒸らす。
3 **A**に**2**のゆで汁大さじ1を混ぜ合わせる。
4 **2**を食べやすい大きさに切って器に盛り、パクチーと白髪ねぎをのせて**3**をかける。

風味づけ用です。

余熱で火を通すと、
しっとり仕上がります。

鶏のおいしいだしで
コクをプラス。

フライパンにねぎとしょうがを置き、
その上に鶏肉をのせて
少しの水で蒸しゆでにします。
フタはアルミホイルをかぶせるだけで
OKです。

炒めない簡単肉じゃが

材料（1人分）

豚バラ薄切り肉（食べやすい大きさに切る）――― 80g
玉ねぎ（1cm厚さのくし形切り）――― 1/2個
じゃがいも（6等分に切る）――― 大1個
水 ――― 1と1/2カップ
A
- 砂糖 ――― 大さじ1/2
- みりん ――― 大さじ1と1/2
- めんつゆ（4倍濃縮）――― 大さじ2
- 醤油 ――― 小さじ1

さやえんどう（スジを取る）――― 2〜3枚

作り方

1 鍋に豚肉、玉ねぎ、じゃがいもの順に入れ、水、**A**を合わせて中火にかける。煮立ったら弱火にして落としブタをし、じゃがいもに火が通るまで10分ほど煮る。

2 落としブタを取ってさやえんどうを入れ、汁けを少し飛ばしてさやえんどうに火が通ったら器に盛る。

アルミホイル、またはクッキングシートを鍋の大きさに切り、穴を開けてかぶせても。

炒めずに材料を入れて煮るだけ！

最後に味をみて薄ければ、好みでめんつゆを足してひと煮立ち。

鍋に材料を入れるときは、
豚肉→玉ねぎ→じゃがいもの順に
重ねると肉が縮みにくく、
またじゃがいもが重しになって、
玉ねぎが浮かないので
全体に味が染み込みやすくなります。

家庭それぞれの味がある肉じゃがですが、わが家は材料を炒める工程をはしょったクイックレシピが定番に。炒めないので油を使わずヘルシーで、さっぱりとした味です。

お手軽クリームシチュー

初心者にはハードルの高いホワイトソースを、いつでも手軽に作りたい！と考えた時短レシピです。ダマになりにくくて味の調整もしやすく、自分好みの味を作れます。

材料（1人分）

鶏もも肉(2cm角に切る) —— 1枚
塩、こしょう —— 各少々
玉ねぎ(1cm幅のくし切り) —— 1/2個
小麦粉(サラサラタイプ) —— 大さじ1と1/2
バター —— 10g
A 牛乳 —— 250ml
A 鶏がらスープの素 —— 小さじ1
A 野菜だしの素 —— 小さじ1
A 砂糖 —— ひとつまみ
ブロッコリー(ゆでたもの) —— 3房

具材の定番、にんじんやじゃがいもを入れてもいいですが、あえて火が通りやすい食材でクイック調理。最後に別ゆでの野菜を加えてボリュームアップ。

小麦粉をまんべんなくまぶしてホワイトソースの素に。これをバターで炒めればソースに！

作り方

1 鶏肉はポリ袋に入れて塩、こしょうを振り、玉ねぎと小麦粉を加えてよく振る。
2 小鍋にバターを溶かし、**1**を入れて中火で炒める。玉ねぎが透き通ってきたら**A**を加え、よく混ぜながらとろみがつくまで10分ほど煮る。——ぐつぐつと煮立たないギリギリの火加減で。
3 塩、砂糖各適量（分量外）で味を調え、ブロッコリーを加える。

具材に火を通している間に、ホワイトソースもできちゃいます。

鶏肉とれんこんの照り焼き

材料（1人分）

鶏もも肉（6等分に切る）—— 1枚（約240g）
れんこん（皮をむき乱切り）—— 1/2節（約90g）
スナップえんどう（スジを取って斜め半分に切る）—— 4個

A［ごま油 —— 小さじ1
　 米油 —— 小さじ1

ごま油だけよりまろやかに！

B［醤油 —— 大さじ1
　 みりん —— 大さじ1

肉の臭みを取り
下味をつけます。

作り方

1 鶏肉はおいしい塩、または昆布の水塩と酒各少々（分量外）を振る。
2 フライパンにAの油を中火で熱し、鶏肉を皮側から焼く。鶏肉の脂が出てきたられんこんを加え、鶏肉に焼き色がついたら裏返して2〜3分焼き、スナップえんどうを加えて炒め合わせる。
3 れんこんに火が通ったら余分な油をペーパータオルで軽くふき取り、Bを加えて絡めながら煮詰める。

照り焼きのタレは、
醤油とみりんを1：1（同量）と、
覚えておくと便利です。
肉はもちろん、いろいろな
炒め物やタレに使えます。

ご飯がモリモリ食べられる、家族の大好物です。鶏肉を一口大に切れば火が通りやすく、初心者でも失敗なく作れます。

クイックソースのエビグラタン

クリームシチューと同じホワイトソースでできる応用レシピです。チーズがとろ〜り、エビがプリップリ。マカロニが入っているので一品で大満足。サラダがあれば完璧。

材料（1～2人分）

マカロニ(早ゆで) —— 25g
むきエビ(背ワタを取る) —— 18～20尾
A
- 酒、みりん —— 各小さじ1
- こしょう —— 少々

玉ねぎ(5mm厚さのくし形切り) —— 1/4個
小麦粉(サラサラタイプ) —— 大さじ1と1/2
バター —— 10g
B
- 牛乳 —— 180ml
- 鶏がらスープの素 —— 小さじ2/3
- 砂糖、塩 —— 各ふたつまみ
- 粗挽き黒こしょう —— 少々

ピザ用チーズ —— 50g
パセリ(みじん切り) —— 適量

冷凍の場合は
流水に当てて戻し、
背ワタがあったら
つま楊枝で取り除きます。

エビはよく洗って水けをきり、
調味料をまぶして臭みを取ります。
エビはものによって
においが気になるので、
ちょっとしたひと手間が大切です。

作り方

マカロニをゆでながら具材の
下準備をして炒めていきましょう。

1 鍋に湯を沸かして塩（水の量の1%／分量外）を入れ、マカロニを表示時間より1分ほど長くゆでる。
2 エビは**A**を振り、玉ねぎと一緒にポリ袋に入れて小麦粉をまぶし、よく振る。
3 フライパンにバターを溶かし、**2**を弱火で炒める。玉ねぎが透き通ってきたら**B**と**1**のマカロニを加え、混ぜながらとろみが出るまで5分ほど煮る。
4 耐熱皿にバター（分量外）を薄く塗り、**3**を入れてチーズを散らす。オーブントースターで焼き色がつくまで焼き、パセリを散らす。

小麦粉を具にまぶして
ホワイトソースを
手軽に作ります。

牛乳は2～3回に
分けて加え、
その都度よく混ぜると
ダマになりません。

具に火が通っているので、
チーズがこんがりすればOK！

ブリのあとづけ照り焼き風

材料（1人分）

ブリの切り身 —— 1切れ

ししとう —— 3本

A
- 醤油 —— 大さじ1
- 砂糖 —— 大さじ1/2
- みりん —— 大さじ1
- おいしい塩 —— ひとつまみ

作り方

1　ブリは塩少々（分量外）をさっと振っておく。

※昆布の水塩なら満べんなく味が入ります。

表面に油を薄く塗っておくと乾きにくいです。

2　予熱した魚焼きグリルに**1**とししとうを並べ、火が通るまで8分ほど焼く。焦げないように途中でししとうを取り出す。

ラップはかけないで。

3　少し深い耐熱皿に**A**を入れ、電子レンジに10秒ほどかけ、アルコールを飛ばす。

ブリをタレにつけるのに、ちょうどいい大きさを選んで。

4　**2**が熱いうちに**3**に浸してよく絡め、ペーパータオルをかぶせて味が染み込むまで5分ほどおく。器に盛り、ししとうを添える。

あとからつければ、
焦げない！　失敗しない！

ブリを焼いて熱いうちに
タレにつけることで、
味が染み込みます。
タレをレンジで加熱して
アルコールと水分を飛ばしておけば、
照り焼き風の味わいに。

グリルで焼いてから照り焼きダレにつけるので焦がす心配もなし！　タレをつけながら焼くより、しっとり＆ふんわり、ややさっぱりめの照り焼きに仕上がります。

豚バラはえらい！

安くておいしくて、しかも時短向き！
豚バラの薄切り肉は、毎日の献立にとっても役立ちます。

薄切り肉をくるくる巻いて、ミルフィーユとんかつみたいなかたまり肉風にアレンジしました。薄切りなので火が通りやすく、肉をタレに絡めてから巻くことでジューシー感も演出できます。

角煮風 豚の照り焼き

材料（1人分）

豚バラ薄切り肉（しゃぶしゃぶ用でも）―― 150～200g
塩、こしょう ―― 各少々
A［ 醤油、みりん ―― 各小さじ1
水で溶かない片栗粉 ―― 適量
B
- みりん ―― 大さじ1
- 醤油 ―― 小さじ1と1/2
- おろししょうが（チューブ）―― 少々
- おろしにんにく（チューブ）―― 少々

しょうが（千切り）―― 適量

水にさらして針しょうがに。

作り方

1 豚肉は広げて塩、こしょうを振り、混ぜ合わせたAを回しかける。1枚ずつくるくると巻き、ぎゅっとにぎって片栗粉を軽くまぶす。

片栗粉がのり代わりに。味も絡みやすくなります。

2 フライパンに1の巻き終わりを下にして並べ中火で焼く。焼き目がついたら転がしながら8～10分焼いて中まで火を通す。

最初に巻き終わりを焼きつけておくと、はがれにくくなります。油は引かなくてOK。

3 余分な油をペーパータオルでふき取り、混ぜ合わせたBを回し入れ、汁けが少なくなるまで転がしながら煮絡める。

ここで五香粉をぱらりっと振ると台湾風の味に。

4 器に盛り、針しょうがをのせる。

豚肉にタレをかけてから巻くと、
噛んだときに中からジュワッと染み出て、
煮込んだ角煮のような
ジューシーさを再現できます。
片栗粉のとろみもポイントです。

蒸し器いらずの豚バラもやし蒸し

材料（1人分）

豚バラしゃぶしゃぶ用肉(食べやすい大きさに切る)
—— 100g
もやし —— 1袋
万能ねぎ(小口切り) —— 1本
ポン酢醤油 —— 適量
柚子こしょう —— 適宜

キッチンバサミで!

ゆでると水っぽくなるもやしですが、
蒸すとかさが減って味が濃くなり、
たっぷり食べられます。
もやしを豚肉で巻いてめし上がれ。

作り方

皿がひたるくらいの水

1 鍋に水100mlほどを入れて平皿を裏を上にして置き、ステンレスのざるをのせてもやしを入れる。豚肉をのせてねぎを散らし、フタをして中火にかける。

2 7分ほど蒸して器に盛り、ポン酢と柚子こしょうを添える。

重なりすぎないようにして、
もやしを覆うようにのせます。

POINT ››› 鍋で簡単蒸し料理

蒸し器がなくても、皿とざるを使えば簡単に
蒸し料理が作れます。きちんとフタができるように、
ざるがすっぽり収まる鍋を選んでください。

火が通りやすい薄切り肉は蒸し料理にも大活躍！もやしの上に豚バラをのせて火にかけるだけ。もやしがしんなりすれば、できあがりです。

豚バラと九条ねぎのさっと炒め

豚の脂でねぎを炒めてうまみを移せば、醤油だけでもおいしくなります。

材料（1人分）

豚バラ薄切り肉（4cm幅に切る）
—— 100g
九条ねぎ（3cm長さの斜め切り）
—— 1本
醤油 —— 適量

キッチンバサミを使えばまな板いらず！

作り方

1 豚肉はおいしい塩、または昆布の水塩少々（分量外）を振る。
2 フライパンに**1**の豚肉を入れて中火で炒める。豚の脂が出てきたらねぎを加えて炒め合わせる。
3 しんなりしたら器に盛り、醤油を回しかける。

たっぷりもやしのとん平焼き

さっと炒めて包むだけ。キャベツを使わず
もやしと豚バラでヘルシーに。

材料（1人分）

豚バラ薄切り肉(5cm幅に切る)
—— 80g
塩、こしょう —— 各少々
もやし —— 1/2袋
おいしい塩 —— ひとつまみ
油 —— 小さじ1
溶き卵 —— 2個分
お好み焼きソース —— 適量
マヨネーズ —— 適量
青のり —— 適宜

作り方

1 冷たいフライパンに豚肉を重ならないように広げ入れて塩、こしょうを振り、中火で焼いて一度取り出す。

2 豚肉の脂が出た1のフライパンにもやしを入れて炒める。しんなりしたらおいしい塩を加え、さっと炒めて取り出す。

3 フライパンをふいて油を弱火で熱し、溶き卵を流し入れて広げる。半熟になったら真ん中に豚肉、もやしの順に戻し入れ、卵が固まってきたら皿に返してのせ、ペーパータオルで形を整える。ソースとマヨネーズをかけ、好みで青のりを散らす。

具は油を引かずに
豚肉から出た
おいしい脂で
炒めます。

クレソンと牛肉のボリュームサラダ

シンプルにソテーした牛肉とたっぷりのクレソンを一緒にいただく、ヘルシーなおかずサラダです。1人一皿なら主菜に、みんなで取り分ければ副菜になります。

材料（1人分）

クレソン（食べやすくちぎる）—— 1束
牛切り落とし肉 —— 150g
おいしい塩 —— ひとつまみ
こしょう —— 少々
A
醤油 —— 小さじ2
おいしい塩 —— ひとつまみ
レモン汁 —— 小さじ2

牛肉を塩、こしょうで焼き、
クレソンと合わせただけ。
ドレッシングもシンプルで、
食材の持ち味を生かします。

作り方

牛肉から脂が出てくるので油は引きません。

1 冷たいフライパンに牛肉を入れておいしい塩、こしょうを振り、中火でさっと焼く。
2 器にクレソンを盛って**1**をのせ、混ぜ合わせた**A**を回しかける。

POINT ››› クレソンの選び方

最近はスーパーにいろいろな種類が並んでいますが、
サラダクレソンなどの食べやすいタイプは、味が薄めです。
この料理は牛肉と合わせるので肉の味に負けない、
本来の茎がしっかりとしたクレソンらしいクレソンもおすすめです。

にんじんとツナのチャンプルー

だしとツナのうまみがご飯にも合い、にんじんがたくさん食べられます。

材料（1人分）

- にんじん（千切り）―― 1本
- ツナ缶 ―― 小1缶（70g）
- 合わせだしの素 ―― 小さじ1/2
- 塩 ―― ひとつまみ
- 醤油 ―― 小さじ1
- 油 ―― 小さじ1

作り方

1. 冷たいフライパンに油を引き、にんじん、合わせだしの素、ツナを汁ごと入れて中火にかける。
2. 混ぜながら炒め、しんなりしたら塩、醤油を加えてよく炒め合わせる。

スライサーを使えばまな板いらず。
切りながら直接フライパンに入れます。
1本のまま長めに切るとおいしいです。

漬け込まない煮卵風

ゆでた卵を冷ます間、めんつゆにつけるだけで
煮卵っぽい仕上がりに。

材料（作りやすい分量）

卵 —— 3個
めんつゆ（4倍濃縮） —— 大さじ2

めんつゆにチューブのしょうがとにんにくをほんのちょっと足すと、より本格的に！

作り方

好みの半熟加減にゆでましょう。

1 小鍋に卵を入れて水をひたひたに注ぎ、中火にかける。沸騰してから7分ゆでて湯を捨て、水にさっとつけて手で触れる程度に粗熱を取り、殻をむく。
※火傷に注意。

2 密閉袋に **1** とめんつゆを入れ、空気を抜いて口を閉じ、そのまま冷ます。

3 冷めたら半分に切って器に盛り、切り口に **2** のめんつゆとおいしい塩各少々（分量外）を振る。
※食べない分は切らずに冷蔵庫で保存。

ポテトサラダ ペッパー風味

材料（1人分）

じゃがいもが大きい場合は
半分に切ってください。

じゃがいも（皮をむく）―― 中2個
きゅうり（1.5mm幅の小口切り）―― 1本
ハム（1cmの短冊切り）―― 3枚

A
- マヨネーズ ―― 大さじ5
- 砂糖 ―― ひとつまみ
- 粗挽き黒こしょう ―― 少々

作り方

1 じゃがいもは、耐熱容器に入れてラップをかけ、電子レンジ（600W）に4〜5分かける。
2 切ったきゅうりは塩ふたつまみ（分量外）を振って軽くもむ。
3 じゃがいもが柔らかくなったら、熱いうちにフォークなどで粗く潰し、ハムを混ぜる。
4 粗熱が取れたら**A**を加えて混ぜ合わせ、水けを軽く絞ったきゅうりを混ぜる。
5 器にレタス（分量外）を敷き、**4**を盛って黒こしょう（分量外）を振る。

熱いほうが
潰しやすいです。

冷める前に調味すると
味がしっかりなじみます。

隠し味に砂糖を少しだけ入れると、
コクが出てしっとりまろやかに。
マヨネーズの塩けも引き立ちます。

材料の種類を少なくしてシンプルに。私にとってベストなバランスのポテサラです。そのぶん、粗挽きの黒こしょうをパラリと振って、大人味に仕上げています。

失敗しないだし巻き卵

初心者には難しく感じるだし巻きですが、片栗粉を少し加えると断然巻きやすくなります。片栗粉がだしを閉じ込めるのでふんわり感をキープしてくれますよ。

材料（1人分）

溶き卵 —— 3個分

A
- （合わせて60mlにする）
- 白だし —— 大さじ1/2
- 水 —— 50ml
- 水で溶かない片栗粉 —— 小さじ1
- おいしい塩 —— ひとつまみ

油 —— 適量

先に水で溶かなくても、
料理の水分でとろみづけが
できる便利な片栗粉です。

だしをたくさん入れる
レシピもありますが、
卵1個に対してだし20mlが
扱いやすいです。

作り方

1 ボウルにAを混ぜ合わせ、溶き卵を加えて混ぜる。

2 卵焼き器に油を熱してペーパータオルで余分な油をふき取り、**1**をお玉1杯分流し入れて手早く広げる。

火加減は弱火～
弱めの中火で。

3 半熟になったら奥から手前に巻き、空いたところに油を塗って巻いた卵を奥へ滑らせる。

油を吸わせた
ペーパータオルを
使います。

4 手前の空いたところに**1**をお玉1杯分流し入れて同様に巻く。これを4～5回繰り返す。

5 食べやすい大きさに切って器に盛る。

巻きすに取って形を整え、
少し冷ましてから切ると、
水分の流出が防げます。

卵液を流し入れたら巻いた卵の下に
箸を入れて少し持ち上げ、卵液を
下にも流し入れましょう。

きんぴら2種

リボン状に薄く切ると
火が通りやすく、
味もすぐになじみます。

材料（1人分）

ごぼう、にんじん
（皮をむきピーラーで縦に薄切り）
—— 各1/2本

A
- 醤油 —— 大さじ1
- みりん —— 大さじ1
- 赤唐辛子（小口切り）—— 適量

ごま油 —— 大さじ1/2
黒いりごま —— 適量

甘みは砂糖を
使わず、みりんだけ。

作り方

1 フライパンにごま油を熱し、ごぼうとにんじんを炒める。しんなりしたらAを加え、汁けがなくなるまで炒める。
2 器に盛り、ごまを散らす。

赤唐辛子は焦げやすいので、
調味料と一緒に入れます。

材料（1人分）

セロリ
（スジを取り、茎は斜め薄切り、葉はざく切り）
—— 1本
めんつゆ（4倍濃縮）—— 大さじ2
ごま油 —— 小さじ1と1/2

好みで一味唐辛子を
振っても。

作り方

1 フライパンにごま油を熱し、セロリの茎から炒める。しんなりしたら葉を加えてさっと炒め、めんつゆを加えて汁けがなくなるまで炒める。

茎と葉を時間差で入れて、
仕上がりの食感を揃えます。

れんこん、うど、ピーマン、
糸こんにゃくで作っても
おいしいです。

ごぼうとにんじん

セロリ

醤油とみりん、またはめんつゆだけで作る、砂糖を使わなくてもおいしいきんぴらレシピ。料理上手な夫のお母さんに褒めていただいたわが家の定番おかずです。

フレッシュレバーのバターソテー

レバーは得意ではないけれど、
子どものころからこれだけは大好き！

材料（1人分）

新鮮な鶏レバー
（大きいものは一口大に切る）
—— 150g
バター —— 15g
おいしい塩 —— ひとつまみ

新鮮なものを
選びましょう！

作り方

しっかり洗って
臭みを取ります。

1 レバーは水洗いしてざるに上げ、ペーパータオルで水けをふき取る。
2 フライパンにバターを溶かし、**1**を入れて中火で焼く。火が通ったら皿に盛り、おいしい塩を振る。

バターと塩は
ちょっと多めがポイント。
砂肝でもおいしいです！

牛肉とモロヘイヤのお浸し

モロヘイヤ農家さんに教わり、
自宅で作ってみたらおいしくてびっくり！

材料（1人分）

牛切り落とし肉 —— 100g
モロヘイヤ（葉を摘む） —— 1束
醤油 —— 大さじ1～お好みで

作り方

1　鍋に湯を沸かし、牛肉とモロヘイヤを順に入れてさっとゆで、ざるに取って水けをきる。

2　ボウルに1を入れて醤油でよく和え、器に盛る。

一緒にゆでて
うまみを移します。

モロヘイヤはぎゅっと絞らず、
自然に水けをきる程度でOK。

少し冷ましたくらいが
おいしいです。

自己流でも、手早くおいしく！

私のヘアメイクはほぼ自己流です。メイクスクールを卒業後はアシスタントを経験することなく、いきなりヘアメイクアーティストとしてデビューしました。だから、いつももっと素敵な方法はないかと模索する旅の途中です。

それは料理も同様ですが、プロの料理家にでもならないかぎり、普段の料理はもっと自由でいいのではないでしょうか？

23歳で結婚して以来、食べることが大好きなので、「家でもおいしいものを食べたい」と料理は続けてきました。当時のわが家の定番レシピは、お酒のつまみになるような早くて簡単に作れるものばかり。息子たちが生まれてからは、うち呑みメニューだけではなく栄養バランスを考えた〝ガッツリ献立〟も加わりました。育児と仕事に追われる日々の中、〝調理時間は短く、でもおいしいもの〟の追究が始まりました。

早く作れるようになり、息子たちのお弁当も手馴れてくると楽しくなって、ついついおかずを作りすぎてしまい、息子から「はしゃぎすぎ！　おかずは3品でいいから」と言われるほど（笑）。

私が家族にできることは、おいしいごはんを作ることぐらい。その姿をずっと見てきたからか、今では夫や息子たちも、私の留守中に自分たちでキッチンに立ち、料理を楽しんでいるようです。

早くておいしい

おもてなしメニュー

PART 3

CASUAL HOME PARTY

マッシュルームホワイトソースのステーキ

牛ステーキはもちろん、豚や鶏肉、ハンバーグや魚のムニエルにも。いろんな食材に使えて、かけるだけでリッチな味に変える万能ソースです。

肉が冷たいと火が均一に通らないので、
30分くらい前に冷蔵庫から出しておきます。
急ぐときは一口サイズに切りましょう。

材料（1人分）

牛フィレ肉ステーキ用（室温に戻す）—— 150g
ホワイトマッシュルーム（2mm厚の薄切り）—— 5個
玉ねぎ（2mm厚の薄切り）—— 1/4個
小麦粉（サラサラタイプ）—— 小さじ1
バター —— 5g
おろしニンニク（チューブ）—— 少々
A 牛乳 —— 大さじ4
A 鶏がらスープの素 —— ひとつまみ
A 砂糖 —— ひとつまみ
油 —— 少々

作り方

クリームシチュー（P.56）と同じ
お手軽ホワイトソースの
作り方です。

1 牛肉は塩、こしょう各少々（分量外）を振る。
2 マッシュルームと玉ねぎはポリ袋に入れて小麦粉をまぶす。
3 フライパンにバターを溶かしてにんにくを入れ、**2**を中火で炒める。しんなりして粉が溶けたら**A**を加え、よく混ぜながら炒める。

玉ねぎがトロッと
するまで炒めます。

4 別のフライパンに油を熱し、**1**の牛肉を焼く。両面こんがりと焼いたら、アルミホイルに取って包み、余熱で火を通す。
5 器に**3**のソースを敷き、**4**のステーキをのせる。

余熱を使うといい感じのレアに。
好みの加減に調節して。

鶏ひき肉のしそ包みレンジ蒸し

材料（14個分）

鶏ひき肉(むねとももを合わせて) —— 200g
青じそ —— 14枚
A
- みりん —— 小さじ1
- 鶏がらスープの素 —— 小さじ1
- おろししょうが(チューブ) —— 2cm
- おろしにんにく(チューブ) —— 少々
- 卵白 —— 1個分
- おいしい塩 —— ひとつまみ
- こしょう —— 少々

卵黄 —— 1個分
めんつゆ(4倍濃縮) —— 適量

卵白を混ぜると
ふわっとした食感に。

つくねのようですが、
蒸すとふんわり。
むねとももを合わせて
程よく食感を残します。

作り方

1 ボウルにひき肉と**A**を入れ、粘りが出るまでよく混ぜて14等分にする。
2 青じその裏を上にし、**1**をのせてはさむ。
3 耐熱皿に**2**を重ならないように並べ、ラップをかけて電子レンジ（600W）に2〜3分かける。
4 **3**を器に盛り、卵黄にめんつゆをかけて添える。

青じそは
ザラザラしたほうが裏。
タネを真ん中にのせて
半分に折ってはさみます。

1つ中を見て、
ひき肉に火が通っているか
確認しましょう。

卵黄を崩してつけダレに。

卵白をつなぎに使ってレンジでチン！　しその香りに包まれたふんわり食感のひき肉がたまりません。一口サイズなので食べやすく、おもてなしの食卓に重宝する一品です。

「揚げ物は凝った料理に見えるけど実はとっても簡単！

とくに春巻きは油が汚れにくくて、ごちそうに見えるよ」

と、女優の山口智子さんに教えていただいたのが「エビと長芋のとろ〜り春巻き」。このレシピに出会ってから、
私の揚げ物の苦手意識がなくなりました！

ぜひ、作ってみてください。

エビと長芋のとろ〜り春巻き

スナップえんどう巻くだけ春巻

梅じそささみ春巻き

エビと長芋のとろ〜り春巻き

材料（5本分）

むきエビ（背ワタを取る）―― 7〜8尾

冷凍の場合は流水に当てて解凍。

長芋（皮をむく）―― 180g

白だし ―― 大さじ1/2

春巻きの皮（19×19cm前後のもの）―― 5枚

揚げ油 ―― 適量

A［ 粉山椒、おいしい塩 ―― 各適量

作り方

1 エビはおいしい塩、または昆布の水塩少々（分量外）を振り、3等分に切る。

2 長芋はポリ袋に入れてめん棒などでよくたたき、**1**と白だしを加えてもみながら混ぜる。

程よく食感が残る程度に潰します。

3 春巻きの皮を広げ、**2**を1/5量のせて包み、巻き終わりに水溶き小麦粉（分量外）をつけて留める。

小麦粉と水各大さじ1（同量）を混ぜたもの。

4 フライパンに春巻きがつかる程度の揚げ油を中温（180〜200℃）に熱し、**3**をときどき返しながらきつね色になるまで3〜4分揚げる。

5 油をきって器に盛り、混ぜ合わせた**A**を添える。

POINT ››› 春巻きの包み方

春巻きの皮はザラザラしたほうを上にし、角を手前にして広げます。

タネをのせて手前からタネを包むようにひと巻きし、両端を折ってくるくると巻きます。

空気が入ると破裂するので、きっちり巻きましょう。

POINT ››› 目からウロコの中野流油きり

コンロの下に魚焼きグリルがついていたら、油きりのバット代わりに。

グリルにペーパータオルを敷いて網に取れば、周囲が汚れず便利です。

梅じそささみ春巻き

飯島奈美さんプロデュースの梅酢に出会って考えたレシピです。

材料（4本分）

ささみ（スジを取ってちぎる）—— 2本
梅酢 —— 小さじ1
しめじ（ざく切り）—— 10本
マヨネーズ —— 大さじ1
こしょう —— 少々
春巻きの皮（19×19cm前後のもの）— 4枚
青じそ（縦半分に切る）—— 4枚
揚げ油 —— 適量

作り方

1 ささみはボウルに入れて梅酢で和え、味をなじませてから、しめじ、マヨネーズ、こしょうを加えてよく和える。
2 春巻きの皮を広げてしそをのせ、**1**を1/4量ずつのせて包み、巻き終わりに水溶き小麦粉（分量外）をつけて留める。
3 フライパンに春巻きがつかる程度の揚げ油を中温（180～200℃）に熱し、**2**をときどき返しながら、きつね色になるまで2分30秒～3分揚げる。

スナップえんどう巻くだけ春巻

外はサクサク、中は甘くてジューシー。スナック感覚で食べれます。

材料（5本分）

スナップえんどう（スジを取る）—— 5個
春巻きの皮ミニサイズ（15×15cm弱のもの）— 5枚
おいしい塩 —— 適量
揚げ油 —— 適量

作り方

軽く下味をつけます

1 春巻きの皮を広げてスナップえんどうを1個ずつのせ、おいしい塩、または昆布の水塩（分量外）を振って包み、巻き終わりに水溶き小麦粉（分量外）をつけて留める。
2 フライパンに春巻きがつかる程度の揚げ油を中温（180～200℃）に熱し、**1**をときどき返しながら、きつね色になるまで4分ほど揚げ、器に盛っておいしい塩を添える。

クレソンとパクチーの
シンプルサラダ

茎が柔らかく苦みの少ない
サラダクレソンより、
食感がしっかりとして程よく
苦みのある本来のクレソンの
ほうがおいしいです。

材料（2～3人分）

クレソン(食べやすくちぎる) —— 1束
パクチー(食べやすくちぎる) —— 1束
A
- レモン汁 —— 1/4個分
- ナンプラー —— 小さじ1
- ごま油 —— 小さじ1

レモンを搾った
フレッシュなものがおいしい。

作り方

1　ボウルにAをよく混ぜ、クレソンとパクチーを入れて和える。

ナンプラーとごま油の
ドレッシングで和えるだけで
エスニック風に。
シンプルなので肉料理や
揚げ物と相性抜群です。

クレソンとパクチーという味の強い野菜を、ナンプラーとごま油がつないで生まれる、おいしいハーモニー。意外なほどシンプルなのに奥深い味で、ペロッと食べられます。

絶品しじみだしのキャベツと豚しゃぶ鍋

しじみの絶品だしを味わうために、
具はシンプルに。
このだしで豚肉を
しゃぶしゃぶすると、肉も格段に
おいしくなります。

材料（2～3人分）

しじみ(砂抜きしたもの) ―― 200g
にんにく(皮をむく) ―― 3個
キャベツ(ざく切り) ―― 1/2個
豚バラ薄切り肉(しゃぶしゃぶ用) ―― 600g
ごま油、塩 ―― 各適量

殻と殻をこすり合わせて
きれいに洗いましょう。

マルドンの塩がおすすめ！
ごま油はおいしいものを。

作り方

1 鍋に水5カップ、しじみ、にんにくを入れて中火にかける。
2 **1**が沸いてしじみの口が開いたらアクを取り、キャベツを芯の部分から入れて中火で煮る。
3 キャベツに火が通ったら、豚肉をしゃぶしゃぶしてごま油と塩をつけて食べる。

シメに中華麺を入れて、
おいしいだしを余すことなく
いただきましょう。
スープ付きの麺を選んで鍋に入れれば、
味つけしなくていいのでカンタンです。

しじみのおいしいだしが楽しめるように、具はキャベツのみ。豚肉は一緒に煮ないでだしでしゃぶしゃぶしていただきます。みんなでワイワイ囲める鍋料理です。

はんぺんのふわふわお好み焼き風

はんぺんと長芋でタネを作る、お手軽お好み焼き。小麦粉を使わないから、とっても軽くて実はヘルシー。ホットプレートで楽しく焼いても！

材料（5～6枚分）

はんぺん —— 1枚

長芋(皮をむく) —— 65g(5～6cm)

A
- 卵 —— 1個
- 紅しょうが(みじん切り) —— 小さじ2
- 万能ねぎ(小口切り) —— 小さじ1
- めんつゆ —— 小さじ1
- 水で溶かない片栗粉 —— 大さじ1/2

油 —— 小さじ1

レモン(くし形切り) —— 適量

はんぺんを潰してタネに
することで、スフレみたいな
ふわふわ生地に。
冷めるとしぼむので、
作りたてをどうぞ。

おろし器やフード
プロセッサーいらずで
簡単に潰せます。

作り方

1 はんぺんと長芋はポリ袋に入れ、めん棒などでよくたたき、**A**を加えてもみながら混ぜる。

2 フライパンに油を弱めの中火で熱し、**1**のタネを食べやすい大きさに落とし、焼き色がついたら上下を返す。

大きめのスプーンを使うと
ちょうどいい大きさに。

3 ぷっくり膨らんでこんがりと焼き色がついたら器に盛り、レモンを添える。

レモン汁と醤油をかけても。
子どもにはお好み焼きソースも
おすすめ。

だしが香るシンプル茶碗蒸し

分量を測って蒸すだけ。茶碗蒸しって
こんなに簡単なの!?と驚きますよ。

材料（2人分）

溶き卵 —— 1個分(約50ml)
鶏がらスープの素(和風だしやおいしい塩でも)
—— 大さじ1/2
ぬるま湯 —— 150ml

合わせて200ml！
これを守れば失敗しない！

作り方

水ではなくぬるま湯を使うと
スムーズです。

1 ぬるま湯に鶏がらスープの素をしっかり溶き、溶き卵を入れて泡立てないように混ぜ、器に均等に注ぐ。

2 鍋に水を深さ1cmほど張って**1**を並べ、フタをして中火にかける。水が沸騰したら弱火にし、7分ほど蒸して火を止め、そのまま5分蒸らす。

最後に余熱で火を通すと
すが入りにくいです。

POINT ››› 食べ方

好みで三つ葉をのせて醤油を垂らし和風に、
またごま油を垂らして中華風にしても。
慣れてきたら好きな具材を入れましょう。私のおすすめはしゃぶしゃぶ餅です。

エビのカクテル風オリエンタルソース

エビの臭みを取ってゆで、熱々を食べるのがおいしいポイントです。

材料（2〜3人分）

エビ（尾つき／殻をむいて背ワタを取る）—— 大5〜6尾

A
- オイスターソース — 小さじ1/2
- 豆板醤 —— 少々
- 醤油 —— 小さじ2
- 砂糖 —— ひとつまみ
- おろしにんにく（チューブ）—— 少々（お好みで）
- レモン汁 —— 少々
- 水 —— 大さじ1

パクチー（ちぎる）—— 適量

作り方

1 Aの材料を混ぜておく。エビは塩、こしょう、酒各少々（分量外）を振る。

2 鍋に湯を沸かし、塩とレモン汁各少々（分量外）を入れて1のエビをゆでる。火が通ったらペーパータオルに取って水けをふき取る。

3 2を熱いうちに器に盛り、1のソース、パクチーを添える。

臭み取りになるので忘れずに。

火を通しすぎるとパサパサになるので注意！

キムパ風巻き物2種

慣れればおにぎりくらいの手軽さ！
韓国料理の定番巻き物を、簡単レシピにアレンジしました。
わが家の恵方巻きは毎年これ。
パーティの手土産に持っていっても喜ばれます！

アボカドツナ巻き

材料（1本分）

アボカド（縦半分に切る）―― 1/6個
きゅうり ―― 縦に1/4本
青じそ（縦半分に切る）―― 1枚
温かいご飯 ―― 200g
A ごま油 ―― 小さじ1/2
A 白いりごま ―― 適量
A おいしい塩 ―― ひとつまみ
ツナ缶（汁をきる）―― 1缶
B マヨネーズ ―― 大さじ1/2
B 醤油、砂糖 ―― 各少々
焼きのり（全形）―― 1枚

ペーパータオルに取って汁をきります。

作り方

1 ご飯に**A**を混ぜておく。
2 ボウルにツナと**B**を混ぜる。
3 巻きすにのりをのせ、**1**のご飯を広げる。手前にきゅうり、アボカド、しそ、**2**のツナの順にのせ、手前からくるっと巻く。食べやすく切って器に盛る。

巻き終わりにご飯を少量つけるとのり代わりになります。

牛肉たくわん巻き

材料（１本分）

牛切り落とし肉 —— 50g
焼肉のタレ(甘口) —— 大さじ1/2
きゅうり —— 縦に1/4本
たくわん(千切り) —— 適量
マヨネーズ —— 大さじ1/2
温かいご飯 —— 200g
A
- ごま油 —— 小さじ1/2
- 白いりごま —— 適量
- おいしい塩 —— ひとつまみ

焼きのり(全形) —— 1枚

作り方

1 冷たいフライパンに牛肉と焼肉のタレを入れて中火で炒める。
2 ご飯に**A**を混ぜておく。
3 巻きすにのりをのせ、**2**のご飯を広げる。手前にきゅうり、**1**の焼肉、たくわん、マヨネーズをのせ、手前からくるっと巻く。食べやすく切って器に盛り、白いりごま(分量外)を振る。

牛肉の味は
濃いめがおすすめ！

POINT ››› 巻き方

ご飯は、のりの手前にはきっちりのせ、奥の巻き終わり部分は2cmほど空けておくときれいに巻けます。
巻きすはいろいろ使えるので、ぜひ購入してくださいね。

天むす風おにぎり

天かすをめんつゆに浸して混ぜて天むす風に！
子どもが小さいころから作っている定番の味。

材料（5～6個分）

天かす（揚げ玉）――30g

エビ風味がおすすめ！

A
- めんつゆ（4倍濃縮）――小さじ2
- おいしい塩――ひとつまみ
- 青のり――適量

温かいご飯――300g

作り方

少しおいて天かすにつゆを吸わせます。

1 天かすとAを混ぜておく。

2 ご飯に1を混ぜて好みの形ににぎり、好みでのり（分量外）を巻く。

汁けが多いと崩れやすくなるので、様子を見て調節しましょう。

レタスと卵バター炒めのサンドイッチ

バターで半熟に焼いた卵と
シャッキリレタスのおいしいハーモニー。

材料（1人分）

- 食パン（8枚切り）—— 2枚
- 溶き卵 —— 1個分
- バター —— 5g
- おいしい塩 —— 少々
- マヨネーズ —— 大さじ1
- レタス —— 1枚

作り方

1 パンを焼く。
2 小さいフライパンにバターを溶かし、溶き卵を流し入れる。大きく混ぜながら炒め、おいしい塩を振って取り出す。
3 パンにマヨネーズ塗ってレタスをのせ、**2**をのせてもう1枚ではさむ。

半熟になったらOKです。

こんなに簡単なのに、
「おいしいなぁ」と
しみじみする味です。

その日の献立は体に聞く

「献立が思いつかない」という声をよく聞きます。私の知り合いには、「献立を考えるのが億劫で、毎日コンビニのおでんを買っちゃいます」という方もいるぐらい。

夕飯の献立に迷ったら、私はまずは体の声に耳を傾けます。野菜が食べたい＝野菜不足な証拠。お米をがっつり食べたい＝エネルギーが必要なとき。食べたいもので、体に何が不足していて、何が必要かがわかる気がします。「一日何品目摂取しなければならない」とか考え出すと大変ですし、食べることが義務のようになってしまいます。だから、1週間単位でいろいろなものを食べる、それぐらい気楽で大丈夫だと思います。

そんなふうに、体の声を聞き日々のコンディションに合わせた食事をとるようにしているので、わが家は作り置きをしない派に。というか、できない派です。1週間分の献立を考えられるほど計画的でもないし、マメでもない。仕事終わりに急な会食が入ることも多々あります。そして、作りたてがやっぱりおいしいと思うのです。

撮影現場で食べるごはんは、最近こそ温かいおしゃれなケータリングが増えてきましたが、基本は冷たいお弁当。手配してくださっているので、ありがたくいただきますが、お弁当のバリエーションも限られてくるので飽きてしまいますし、野菜の量が少ないのも気になるところ。ですから、家ごはんこそは出来立てで自分好みのものを、と考えています。

仕事帰りはスーパーに駆け込み、パパッと調理！　レアな食材は探してられないし、疲れた体に手間のかかる料理もハードルが高い。なので、私のレシピは近所のスーパーで手に入る食材で、特別な香辛料を必要とせず、10分、20分でできるものばかりです。

手抜きかしら？と思うこともありますが、家族の「おいしい！」のひと言で疲れが吹っ飛び、体だけでなく、心も元気になるような気がします。

そして、メイクルームは女優さんやモデルさんたちと情報交換の場所。88ページで紹介した春巻きは、15年以上前に女優の山口智子さんから教えてもらった思い出のレシピです。

当時、〝揚げ物＝面倒で危ない料理〟という先入観から敬遠していたので、私には〝揚げ物＝簡単〟というのがとても新鮮でした。実際に作ってみたら想像以上に手軽で、わが家に〝揚げ物革命〟が起こりました。それは夫にも伝播し、いまではとんカツや天ぷら、野菜の素揚げなど、さまざまなものを揚げるように。

自分の中からは決して生まれなかった料理と、人との会話を通して出会うことできるのは、幸せなことだと思います。

すぐうま調味料

料理のベースとなるのはおいしい調味料。それを使うことで、料理の味を簡単に格上げでき、さらには調理時間を短縮できるようになります。

ここで紹介する調味料は、とても使いやすく、料理へのハードルも下がるものばかりです。おいしい調味料の手を借りて、毎日の料理を〝すぐうま化〟してください。

基本の調味料

※商品はすべて本人の愛用品です。
お近くのスーパーやネットストアで購入できます。

① めんつゆ

キッコーマン「濃いだし本つゆ」

4倍濃縮とだしが濃く、味わいがしっかりしているので、麺類を食べる際のつけ汁としてはもちろん、煮物や炒め物の味つけに使ったりと、1本で幅広いメニューに対応してくれます。どこでも買えるのが素敵です。

② 醤油

キッコーマン「いつでも新鮮　しぼりたて生しょうゆ」

特殊構造の密封ボトルなので、酸化せず最後まで新鮮で澄んだ赤色の醤油を楽しめます。また、加熱処理をしていない「生《なま》」の醤油特有のフレッシュな味わいが、食材のおいしさを引き立ててくれます。わが家にとって手放せない一本です。

⑤ ④ ③ ② ①

③ みりん

キッコーマン「マンジョウ　米麹こだわり仕込み本みりん」

上品で柔らかな甘みが料理にコクを与えてくれる米麹のみりん。ボトルの押し加減で必要な量を自在に調整でき、小さな計量スプーンにも注ぎやすい、とっても便利なみりんです。アルコール臭が少ないのもうれしいポイント。

④ おいしい塩

東洋食品「ろく助塩 白塩」

ほんの少し使うだけで、うまみが広がるろく助塩。干ししいたけや干しほたて貝などのうまみが凝縮されていて、ひと振りするだけで最高の料理に変えてくれる、まさに〝魔法の塩〟です。肉料理にも魚料理にも、もちろんおにぎりにも使い勝手は抜群です。

⑤ 砂糖

ホクレン「てんさい糖」

上白糖に比べてまろやかな甘みがあり、料理に使うとコクを出しつつやさしい風味に。また、てんさい糖には腸のビフィズス菌の栄養源となるオリゴ糖が含まれているそうで、甘みをプラスするだけではない栄養面での働きも期待できます。

使えるだし

① 鶏がらスープの素

ユウキ食品「化学調味料無添加のガラスープ」

和食、洋食、中華料理など、どんな料理にも使える汎用性の高い鶏ガラだし。鶏のうまみがしっかりあるのにナチュラルな味わいなので、素材本来の味を邪魔しないところが気に入っています。わが家のレギュラー調味料として大活躍しています。

② 白だし

キッコーマン「本つゆ香り白だし」

少量でもしっかりとだしの風味を感じることができ、おつゆにしたり、料理の味つけに使ったりと万能な白だし。ほうれん草やブロッコリーなどゆで野菜にかければ簡単おひたしになります。アレンジいらずで料亭の味になるので、冷蔵庫に常備しておくと安心。

③ 合わせだしの素

久原本家 茅乃舎「茅乃舎だし」

料理が急に上手になったと錯覚してしまうほど、味が格上げできる合わせだし。汁物のだしとして使うのもいいのですが、この本では袋を破って中身の粉末をそのまま調味料として使用しています。難しい和食も味つけの心配がいらないぐらい頼れる逸品です。

あると便利

⑥ ⑤

④ 野菜だしの素

久原本家 茅乃舎「野菜だし」

玉ねぎやにんじん、セロリなど5種類の野菜のだしが合わさった野菜だしは、茅乃舎だし同様、袋を破って使うことも。野菜（とくに玉ねぎ）のコクとうまみを足したいときに手軽に使うことができ、マイルドな仕上がりになるので重宝しています。

⑤ 水で溶かない片栗粉

丸三美田実郎商店「とろみちゃん」

「いちいち水溶き片栗粉を作るのが面倒」と思っていたところに出会ったとろみちゃん。鍋にそのまま振り入れるだけなので、片手でできてとろみ具合を見ながら調整できる優れモノです。豚の生姜焼きなどは肉に直接振りかけて使用。忙しい夕飯準備の救世主です。

⑥ 昆布の水塩

松前屋「昆布の水塩・玄‖25%」

素材にまんべんなくかけられるスプレータイプで、下ごしらえが簡単に。また、調理のあとからスプレーして、家族の好みに合わせて味を調整できるのも便利です。和洋問わず使えますし、肉や魚はもちろん、バタートーストにスプレーして食べてもおいしいですよ！これを使い始めてから、家族の料理へのハードルが下がりました。

これらが、私が日々作っている簡単レシピの一部です。
この本を手にしてくださった
料理への苦手意識の強い方も、
実践してみて「えっ！こんなんでいいの!?」と
楽しい気持ちになっていただきたいし、
慣れたら、もっと素敵な料理本の世界を
楽しめるようになってもらえたらうれしいです。

この本を作るきっかけになったのは、
女優の綾瀬はるかさんの
「明海さんの料理レシピ、本にして欲しいな」
というひと言でした。
いつもありがとう！
「それなら出したほうがいいよ！」と、
友人や知人に声をかけてくれた
私のいろんな料理を30年近く
食べてくれている大親友であり、
この本のカメラマンである篠あゆみさん。

そして、ＣＭなどの撮影現場で、
いつもおいしそうな料理を作り、
ちょこっとつまみ喰いをさせてくれる
フードスタイリストの飯島奈美さんと
彼女のスタッフの方々、
編集部の川合さんと
スマイルエディターズのみなさんも
私が自分で作る人生初の料理撮影に、
いろいろご協力いただき
ありがとうございました。

さまざまな出会いと
食べることができる喜び、
健康に感謝する日々です。

中野明海　Akemi Nakano

ヘアメイクアーティスト。幼少のころから化粧品やメイクアップ、ファッションの世界に憧れ、1985年よりフリーのヘアメイクアーティストとしてのキャリアをスタート。雑誌、広告などで活躍するかたわら、コスメや美容ツールの開発も手がける。著書に『大人の赤ちゃん肌メイク』（扶桑社）、『可愛い大人の美容塾』『EVER GREEN MAKE-UP』（宝島社）など。これまでに手がけてきたセレブリティは、綾瀬はるか、安室奈美恵、杏、黒木メイサ、小泉今日子、坂井真紀、鈴木京香、中条あやみ、永作博美、永野芽郁、夏目三久、松たか子、松雪泰子、宮﨑あおい、安田成美、吉田羊ほか多数。

プライベートでは、23歳で映像作家の中野裕之氏と結婚。ふたりの息子の母親であり、日々の食事はもちろん、子どものお弁当作りも欠かすことなく続けている。

Instagram　@akeminakano__official

撮影：篠あゆみ
スタイリング：大関涼子
撮影協力：7days kitchen
調理アシスタント：吉川由以（7days kitchen）、清水悠香、秋月彩奈
デザイン：APRON（植草可純、前田歩来）
校正：武 由記子（東京出版サービスセンター）
企画：印田友紀（smile editors）
編集・構成：岩越千帆、中嶌邦子（smile editors）
編集：川合文彦
Special Thanks：飯島奈美、佐伯敦子、栗田茉林、畠中香歩里

美しい人は食べる！

著　者　中野明海
編集人　泊出紀子
発行人　倉次辰男
発行所　株式会社主婦と生活社
〒104-8357　東京都中央区京橋3-5-7
編集部　TEL 03-3563-5129
販売部　TEL 03-3563-5121
生産部　TEL 03-3563-5125
http://www.shufu.co.jp
製版所　東京カラーフォト・プロセス株式会社
印刷所　太陽印刷工業株式会社
製本所　株式会社若林製本工場

ISBN978-4-391-15295-1

乱丁・落丁の場合はお取り替えいたします。

ご購入の書店か、小社生産部までお申し出ください。